CORPORATION

DES

OUVRIÈRES DE L'AIGUILLE

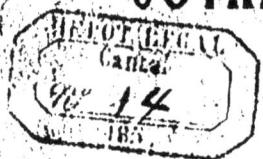

de la Ville   d'Aurillac

PREMIÈRE ASSEMBLÉE GÉNÉRALE

15 JUIN 1902.

AURILLAC
IMPRIMERIE MODERNE, 6, RUE GUY DE VEYRE
1902

CORPORATION

DES

OUVRIÈRES DE L'AIGUILLE

de la Ville  d'Aurillac

PREMIÈRE ASSEMBLÉE GÉNÉRALE

15 JUIN 1902.

AURILLAC
IMPRIMERIE MODERNE, 6, RUE GUY DE VEYRE
1902

SYNDICAT DE L'AIGUILLE

Composition du Conseil d'Administration

Présidente............	Mme GARNIER.
Vice-présidente.......	Mme COUSSERGUES.
Secrétaire	Mlle LUSSER.
Trésorière	Mme BRUNON.
Patronnes conseillères.	Mmes LANCELOT.
— —	LAFON.
— —	UZOLS.
— —	POIGNET.
— —	VIGIER.
— —	Mlles ROBERT.
— —	GANET.
Ouvrières conseillères.	Mmes BESSE.
— —	FIGEAC.
— —	DELORT.
— —	SOL.
— —	Mlles MAILLARD.
— —	BUISSON.
— —	VÉRAVÈZE.

PREMIÈRE ASSEMBLÉE GÉNÉRALE

15 JUIN 1902

Dimanche 15 juin, à 3 heures du soir, avait lieu à l'hôtel-de-ville la première réunion générale de la corporation des ouvrières de l'aiguille. Les patronnes et ouvrières syndiquées, les membres d'honneur et les membres honoraires avaient été invitées à cette réunion d'ailleurs absolument publique. Il s'agissait, avant tout de faire connaître cette Mutualité nouvelle, destinée à faire le plus grand bien dans le monde du travail féminin et à lui gagner toutes les sympathies.

Bien avant l'heure indiquée, la grande salle d'honneur était envahie par les nombreuses ouvrières de l'aiguille de notre ville. L'élite des Dames d'Aurillac, pour la plupart membres honoraires de la Société prenaient place, à leur tour, sur des banquettes dans l'hémicycle qui leur était réservé. Des commissaires diligentes et fort aimables accueillaient tout le monde et assuraient le bon ordre.

Sur l'estrade, Madame Garnier occupait le fauteuil de la présidence. Elle avait à sa droite, Madame Vve Coussergues et Madame Pitot ; à sa gauche, Madame Fesq et Mademoiselle Lusser. Sur des fauteuils disposés autour du bureau d'honneur, avec une symétrie parfaite étaient assises les Dames de nos grands établissements de parapluies, Mmes Lancelot, Lafon, Uzols et Poignet et les autres membres du Conseil syndical. La salle était absolument comble et l'auditoire manifestement attentif et sympathique.

Après un très heureux discours de Madame la Présidente, fréquemment interrompu par d'unanimes applaudissements, où les éloges les plus délicats, étaient habilement distribués à tous les généreux concours qu'avaient suscités l'établissement du Syndicat de l'aiguille à Aurillac, un rapport très intéressant, et écrit dans un style plein de charme était lu par la Secrétaire. Ce rapport très suggestif indiquait le but, les origines, les ressources et l'état actuel de la Société.

Un second rapport très complet sur les avantages professionnels, matériels et moraux, faisait la pleine lumière sur cette œuvre admirable. A la suite d'une étude approfondie de la situation économique de l'ouvrière de l'aiguille dans notre ville et des bienfaits réels de l'union corporative, le programme des travaux et des espérances du Syndicat de l'aiguille y était en effet tracé de main de maître.

Après une heure des plus instructives et des plus agréables, pendant laquelle n'a cessé de régner l'ordre le plus profond et le plus religieux silence, la séance est levée et chacun avec Madame la Présidente fait des vœux « pour que le syndicat de l'aiguille, soutenu par de tels patronages, vive et se développe, semant partout l'union, la concorde, la justice et la charité. »

Discours de la Présidente

MESDAMES,

Je suis fière de l'honneur qui m'est réservé de présider une aussi belle réunion, et je vous remercie d'être venues aussi nombreuses vous grouper autour de votre Conseil d'administration.

C'est, certes, de bonne augure pour la réussite de notre œuvre.

Permettez-moi, mesdames, de profiter de cette première assemblée générale, pour vous faire connaître, avant de passer à l'ordre du jour, la pensée qui a présidé à l'établissement de notre syndicat de l'aiguille.

Il est un fait facile à constater actuellement c'est qu'on recherche l'Association.

Partout, en effet, on se groupe, on s'associe pour la défense et la protection des intérêts communs.

Le monde du travail n'est pas resté non plus étranger à cet essor, et c'est dans le développement des institutions économiques qu'il cherche avec raison une solution aux difficultés de toutes sortes qui enveloppent son existence.

Les femmes, comme les hommes, les ouvrières comme les ouvriers, doivent-elles se grouper et s'unir dans une pensée de fraternelle charité, pour s'aider efficacement dans la lutte pour la vie, qui semble devenir de jour en jour plus rude et plus opiniâtre ?

C'est, du moins, notre avis.

Notre sympathique et dévouée secrétaire, Mlle Lusser, vous fera connaître tout à l'heure les origines et l'état actuel de notre Société, qui ne compte pas encore trois mois d'existence et laisse concevoir pourtant les plus belles espérances.

Je ne voudrais pas abuser, Mesdames, de votre bienveillante attention. Je tiens néanmoins à remercier les membres du comité d'initiative qui ont bien voulu me faire l'honneur de me nommer présidente. En votre nom ensuite, c'est-à-dire au nom de plus de 250 ouvrières, je remercie les patronnes de nos grands établissements industriels du parapluie, qui, les premières ont accueilli avec joie l'idée d'une association capable de venir en aide à leur intéressante famille du travail.

Je remercie de même les 50 patronnes, lingères, couturières, tailleuses ou modistes qui n'ont pas hésité à donner à leurs petites ouvrières un nouveau témoignage d'intérêt en adhérant à notre société.

C'est l'honneur des ouvrières d'avoir compris à leur tour que cette œuvre de mutualité était tout à leur profit et d'avoir répondu avec enthousiasme à notre appel.

Mais, mesdames, le monde du travail féminin n'est pas le seul à avoir apporté au Syndicat de l'Aiguille son concours dévoué.

Notre société, en effet, compte plusieurs membres d'honneur et de nombreux membres honoraires, qui ne lui ont ménagé ni leurs encouragements, ni leur généreuse obole.

Tous ont compris qu'il fallait applaudir à cette heureuse initiative, dont le but était un accroissement de bien-être pour la classe ouvrière particulièrement intéressante de notre bonne ville.

Je tiens à leur témoigner ici toute la reconnaissance que mérite leur sympathie pour notre œuvre.

Je ne veux pas oublier enfin que la Presse et les autorités locales ont bien voulu seconder nos efforts et nous obliger par leur délicate bienveillance.

Ma tâche est finie et en terminant j'ose, Mesdames, vous assurer le concours le plus actif et le plus dévoué de votre Conseil syndical. Notre seule ambition sera de vous être utile, dans la mesure de nos forces, et de mettre au service de cette cause fraternelle toutes les énergies de notre cœur et de notre volonté.

RAPPORT GÉNÉRAL DE LA SECRÉTAIRE

MESDAMES,

1º *Origine de la Société.* — Le Syndicat de l'Aiguille,
dont j'ai l'honneur, certes bien immérité, d'être la
secrétaire, a des origines fort modestes. La pensée de
faire quelque bien, au point de vue matériel et moral,
auprès des nombreuses ouvrières en parapluie, couturières, lingères, modistes de notre ville, fut tout d'abord
l'inspiratrice de cette œuvre. A l'instigation d'un ar-
dent propagateur des idées mutualistes, tout dévoué
aux intérêts des classes laborieuses, quelques patronnes et quelques ouvrières se réunirent, un soir d'hiver,
animées des meilleures intentions. Elles discutèrent
des intérêts du travail, étudièrent les moyens employés
dans les autres villes de France, pour adoucir et amé-
liorer la condition des ouvrières, et le premier résultat
de cette réunion fut l'adoption de ce vœu à l'unanimité :
« Considérant que les œuvres actuellement existant, à
Aurillac, n'atteignent guère la classe des ouvrières de
l'aiguille, dont le nombre dépasse pourtant mille, femmes mariées ou jeunes filles.

Considérant que la mutualité est le moyen le plus
efficace de les grouper en association syndicale et de
leur venir en aide.

Il y a lieu 1º de nommer un Comité d'initiative, chargé
d'élaborer les statuts d'une Société corporative.

2º D'obtenir, au plus vite, par la plus active propagande l'adhésion des principales patronnes et de toutes
les personnes influentes, sympathiques à la classe
ouvrière.

3º De faire connaître aux ouvrières, par tous les
moyens possibles, l'existence, le but, les obligations et
les avantages de la Société. »

Le lendemain une propagande intelligente et
active commençait. Quinze jours après un Conseil
Syndical, composé de 7 patronnes, 7 ouvrières et de
4 membres, pris en dehors de l'élément professionnel, était définitivement constitué. Mme Garnier,
toujours active et dévouée, acceptait d'en être la
Présidente avec le concours de Mme Coussergues, de
Mme Brunon et de Mlle Lusser. Les sept patronnes

étaient : Mmes Lafon, Lancelot, Uzols, Poignet, Vigier, Mlles Ganet et Robert.

Les sept ouvrières : Mmes Besse, Sol, Delort, Figeac, Mlles Marie Maillard, Buisson et Véravèze.

Ce Conseil, nommé pour 3 ans, se mit résolument à l'œuvre. Par ses soins, les Statuts de la Société furent rédigés conformément à la loi du 1er avril 1898 et déposés à la Préfecture du Cantal, en date du 22 février 1902. Un mois après, notre Association avait une existence légale.

Il ne manquait plus qu'à présenter notre œuvre au grand public et à recueillir des adhésions nombreuses. Vous allez voir, Mesdames, si ces généreux efforts n'ont pas été couronnés d'un succès qui a dépassé, non pas notre ambition, mais nos espérances. et si, cette fois encore, le vieux proverbe *ce que femme veut Dieu veut* n'a pas raison.

À l'heure actuelle, voici très exactement la situation de notre Société :

État du personnel. — Font partie de la Corporation des ouvrières de l'aiguille : 365 ouvrières — juste le nombre des jours de l'année — : 45 patronnes, soit en tout 410 membres participants. Ajoutez à ce chiffre déjà très beau, si vous tenez compte de ce fait que notre Société existe depuis 3 mois à peine, la sympathie et les encouragements de 16 membres d'honneur, parmi lesquels j'ose respectueusement saluer de notre admiration reconnaissante, Madame la Préfète Huard, Madame la Générale Beaugier, Madame Fesq, Madame Pitot, dont les noms seuls disent assez la bienveillance que notre œuvre a rencontré auprès des autorités de notre ville et de 85 membres honoraires, venus à nous, dès la première heure, avec des paroles de bonté et de réconfort, qui, en témoignant de leur charité fraternelle, étaient pour l'œuvre le plus précieux des encouragements.

Au total : 511 membres, n'est-ce pas un début consolant pour notre Mutualité et ne faut-il pas croire que la Providence nous a bénis ?

La situation financière de notre Syndicat de l'Aiguille, comme il est admis de l'appeler, est des plus prospères.

Je regrette que notre diligente trésorière, Madame Brunon, soit retenue loin d'ici et ne puisse pas elle-même, nous donner le détail de nos recettes et de nos

dépenses. Ce que je puis vous dire, c'est que notre
encaisse dépasse 400 francs, malgré les frais généraux
de l'organisation première et les quelques secours distribués.

Les chiffres ont leur éloquence, j'espère, Mesdames,
qu'ils vous rassureront sur l'avenir de notre Société
qui laisse concevoir déjà de réelles espérances et pro-
met de faire un bien considérable parmi ce monde si
intéressant des ouvrières de l'Aiguille.

Madame la Présidente, en distribuant, avec le tact
et la délicatesse qui caractérisent sa belle parole, les
éloges à tous les généreux concours qu'a déjà suscités
cette œuvre populaire, s'est oubliée elle-même, je tiens
à réparer cet oubli et à vous dire que c'est à sa large
initiative et à son dévouement que le Syndicat de
l'Aiguille doit, en partie ses premiers succès.

En terminant et en vous remerciant de la bienveillance avec laquelle vous avez bien voulu écouter ce
modeste Rapport, j'ose au nom de mes aimables colla-
boratrices du Conseil Syndical, vous assurer que notre
temps, notre peine, notre dévouement, notre cœur sont
au service de cette œuvre, belle entre toutes, puis-
qu'elle a pour objet de propager la concorde et l'union
et de répandre un peu de bonheur, de bien-être parmi
nos sœurs les petites ouvrières d'Aurillac.

Avantages généraux du Syndicat de l'Aiguille

RAPPORT

*sur la situation économique de l'ouvrière de notre ville
et programme d'action du syndicat.*

Mesdames,

Il est un fait surprenant mais indiscutable, c'est que,
parmi nous, du moins jusqu'ici, les femmes se sont
jalousement tenues en dehors du mouvement général
d'association qui est un des traits caractéristiques de
notre époque et ce n'est pas sans quelque surprise,
j'en suis persuadé, que vous vous trouvez dans cette
salle d'honneur de l'Hôtel de Ville pour y discuter de
vos intérêts *féminins*. Tant que les conditions sociales
l'ont permis, on pouvait comprendre que la femme,
reine du foyer domestique, abandonnât à son époux les
intérêts du travail et les droits de la vie civile. En
d'autres temps, en effet, il eût été téméraire, peut être,
de distraire la femme des soins de son ménage, sous
prétexte de l'émanciper : mais, en présence de la situation économique qui lui est faite et des exigences de la
vie sociale qu'elle doit subir, l'heure est venue pour
l'ouvrière de discuter comme l'ouvrier le problème diffi-
cile du travail qui lui incombe et de parer à toutes les
éventualités de sa pénible existence.

L'Association, la Mutualité, voilà la forme qui con-
vient, ce semble, à cette action extérieure et qui,
mieux que tous les autres moyens, peut donner une
solution équitable à ses légitimes préoccupations.

Quelle est, en effet, dans notre ville la situation économique de l'ouvrière de l'aiguille et de la modeste
patronne ? Après un apprentissage de plusieurs années,
pendant lequel elle reste nécessairement à la charge de
ses parents, l'ouvrière arrive à gagner modestement
mais honorablement sa vie. Tant que la santé et le
travail ne font pas défaut, elle lutte héroïquement
contre toutes les difficultés de son existence. Mais des
ennemis terribles la menacent. Ces ennemis de l'ouvrière et je ne parle ici qu'au point de vue économique, ce sont, d'une part, la maladie, les accidents, le
chômage, la mort, de l'autre, la prodigalité, le désordre,
le luxe... Que plusieurs de ces tristes éventualités ou

même une seule, comme la maladie ou un accident, se produisent, voilà l'ouvrière brusquement jetée dans le dénûment et la misère. Mille fois pour une j'ai recueilli cette plainte touchante : « Si seulement j'avais de la santé ! Si on me fournissait du travail ! » Voilà l'état précaire où vit généralement la brave petite ouvrière, je veux dire, celle qui aime le labeur et connaît l'économie, celle, par conséquent, qui mérite de l'intérêt et de la sympathie.

Seule, livrée à ses propres moyens, que peut une modeste ouvrière contre ces terribles fatalités, je vous le demande, Mesdames ? Rien ou à peu près rien, quelle que soit d'ailleurs son énergie morale. Il faut donc de toute nécessité qu'elle trouve dans l'association mutuelle, dans la bienveillance des cœurs ouverts à la pitié et dans la protection des pouvoirs publics, des garanties, des assurances contre ces risques vitaux. La mutualité, Mesdames, lui fournit ces garanties essentielles.

L'idée d'un syndicat ou plutôt d'une mutualité spéciale pour les ouvrières de l'aiguille, très nombreuses dans notre ville, n'a pas été plus tôt lancée qu'elle a recueilli, j'ose le dire, d'unanimes sympathies. On vous a admirablement raconté ses origines, son développement et son but général qui est de venir en aide au monde du travail. Laissez-moi vous faire connaître, à mon tour, les avantages de cette corporation nouvelle.

Les avantages sont de trois sortes, *professionnels*, *matériels* et *moraux*.

Au point de vue professionnel, Mesdames, notre association se propose, dès que les ressources seront suffisantes et que le moment lui paraîtra favorable :

1º de créer un atelier professionnel, où les apprenties, lingères, couturières, modistes et ouvrières en parapluies pourront se former plus commodément que dans les ateliers à coudre à la machine, à connaître la manière de l'entretenir et ses divers usages, à tailler de petites choses, à se rendre compte de la valeur des étoffes, en un mot, à faire ce qu'on apprend dans les écoles ménagères et les ateliers d'apprentissage.

Une réunion préalable des diverses patronnes de la ville nous éclairera sur les moyens à prendre pour rendre profitable cet atelier professionnel. Nous nous assurerons, d'ailleurs, le concours des maîtresses les plus intelligentes et les plus dévouées, pour la direction de ce modeste ouvroir. Vingt fois peut-être, vous avez entendu dire comme moi : « Je n'ai personne pour m'apprendre à faire les parapluies !»—« On me prendrait bien dans cet atelier de lingerie mais je ne sais pas travailler à la machine ! » ou encore : « Que voulez-vous que je fasse d'une apprentie qui ne sait rien faire ? » « Il y a trois ans que ma fille travaille et c'est à peine si elle sait *tenir une aiguille !* »

De toute évidence donc, Mesdames, il est incontestable que, sans nuire à personne, des cours professionnels bien organisés peuvent rendre de véritables services aux ouvrières et aux patronnes. Il en est du métier de l'aiguille comme des autres professions, l'apprentissage est la question importante, principale. Un cours d'adultes et des principes d'économie domestique pourront plus tard compléter les avantages de l'atelier professionnel.

2° Mais il ne s'agit pas seulement de savoir travailler, il faut de plus trouver du travail. Là encore, le Syndicat pourra jouer un rôle important. La loi du 1er avril 1898 l'autorise, en effet, à créer des Bureaux de placement gratuits. Rien de plus facile donc que de charger un membre du conseil syndical de centraliser toutes les demandes et offres d'emploi pour les ouvrières de l'aiguille et de les porter à la connaissance des intéressés de la manière qui paraîtra la plus pratique. Il y a deux moyens employés ailleurs avec succès, la presse, qui sous cette rubrique *Secrétariat du peuple* enregistre volontiers les demandes et offres d'emploi, et l'affichage qui est une réclame permanente. Ce dernier moyen n'empêche pas le 1er et il me semble d'une réalisation facile au milieu de nous. Il suffit d'obtenir des Autorités toujours bienveillantes de notre ville de placer deux vitrines à peu près semblables à celle que vous avez peut-être remarquée, à gauche, en franchissant la grille de l'Hôtel-de-Ville, qui contient les publications de mariage, à les placer, dis-je, dans deux endroits de la ville particulièrement fréquentés.

3° Une fois en relation, patronnes et ouvrières ne vivent pas toujours en bonne intelligence. C'est fort rare à Aurillac, et je m'en réjouis, mais enfin c'est possible. En ce cas, toutes les fois que le différend menace d'être porté en justice, j'estime que le Conseil syndical doit intervenir et, au moyen d'un Comité de conciliation et d'arbitrage, régler à l'amiable le procès en perspective. Un article de nos statuts prévoit l'établissement de ce Comité, œuvre fort sage, car celui qui engage un procès quel qu'il soit joue toujours à *qui gagne perd.*

Voilà, Mesdames, pour les intérêts professionnels. Vous avouerez qu'ils méritent notre attention et nos encouragements.

Au point de vue matériel, les avantages qu'offre notre Société aux patronnes et aux ouvrières ne sont pas moins appréciables.

Pour la modique somme de 0,50 centimes ou de 1 franc par an, chaque membre participant a droit à des secours pécuniaires multiples. Lisez le chapitre IV des statuts, vous verrez que la Société s'engage vis-à-vis de ses membres :

1° En cas d'accidents ou de blessures survenus de quelque manière que ce soit :

2° En cas de décès ;

3° Pour une infirmité grave :

4° A l'occasion de la naissance d'un enfant légitime.

Je le reconnais, la somme d'argent ainsi allouée est modique, puisque en aucun cas elle ne dépasse 25 fr. Mais 25 francs pour une petite ouvrière, c'est souvent une fortune, c'est toujours un précieux et utile secours, surtout lorsque à côté de l'aumône matérielle viennent s'ajouter les paroles encourageantes, la *compatissance* affectueuse, la vraie sympathie.

Ce n'est pas tout, Mesdames, la charité est ingénieuse. Il est un moyen en dehors du travail d'arriver à la fortune — ce moyen, c'est l'ordre et l'économie.

Le Conseil syndical de l'aiguille s'est déjà occupé de développer ces sources du bien-être et il a décidé de le faire en favorisant l'épargne. L'épargne voilà bien, en effet, la meilleure habitude à donner aux jeunes ouvrières.

La jeunesse est imprévoyante et, à peu d'exceptions près, l'économie n'est pas la vertu dominante de cet âge. L'avenir lui apparaît dans une perspective trop lointaine et trop riante pour qu'elle se croie obligée de l'assurer par l'épargne contre les risques de la vie.

C'est donc rendre un signalé service à nos ouvrières que de les rendre prévoyantes et économes, à l'âge où elles peuvent facilement supporter les privations, où la santé et les forces sont dans toute leur vigueur.

L'expérience montre que pour devenir intéressé il suffit de commencer à l'être. Il en coûte pour amasser les premiers 100 francs : à 1 franc par semaine, il faut 2 ans. Mais quand ce premier effort est fait, voilà que l'*auri sacra fames* s'empare de la petite ouvrière et qu'elle n'a pas de repos, jusqu'à ce qu'elle ait atteint le 4° chiffre, c'est-à-dire 1.000 francs.

Pour les mettre sur ce bon chemin qui conduit fatalement à l'honnête aisance ou même à la fortune, le Conseil du Syndicat de l'aiguille offre un précieux concours et un bel encouragement à toutes ses associées.

1° Il se charge de toutes les démarches à faire pour l'obtention d'un Livret de Caisse d'Epargne.

2° Il alloue un intérêt de 1 o/o par an, indépendamment de celui servi par la Caisse.

Il suffira donc à toutes les patronnes et ouvrières syndiquées qui n'ont pas encore de Livret de Caisse d'Epargne, de verser la somme de 1 fr. (la première économie) entre les mains de Madame la Présidente, de la Trésorière, de la Secrétaire ou d'une Dame conseillère, pour se voir heureusement lancées sur le chemin de la fortune.

Est-ce tout au point de vue matériel ? Oui, Mesdames, du moins pour cette année d'essais et de tâtonnements indispensables, et, certes, c'est déjà quelque chose ; mais les ambitions du Syndicat de l'aiguille ne se bornent pas là. A mesure que s'accroîtra le patrimoine corporatif, la Société se propose d'étendre dans la plus large mesure les institutions de prévoyance et de bienfaisance qui lui paraîtront les plus opportunes et les plus efficaces.

Il y aura lieu peut-être d'élever le prix de la cotisation de 0,50 à 1 fr., si telle est la volonté générale, pour accroître les ressources, de s'entendre avec la Société de secours mutuels si légitimement appréciée de notre ville pour s'assurer des secours plus abondants en cas de maladie ou des retraites ouvrières, — de transformer notre mutualité libre en mutualité reconnue par le gouvernement, afin d'obtenir des secours plus efficaces encore.

Toutes ces questions seront mûrement étudiées et vous pouvez vous en rapporter, sur tous ces points, à la sagesse du Conseil d'administration, qui mérite votre entière confiance.

J'en arrive aux avantages moraux toujours souverainement importants.

La corporation des ouvrières de l'aiguille, Mesdames, est une grande famille. L'esprit de solidarité et de charité qui anime tous ses membres est le facteur principal de son action bienfaisante. Les relations cordiales, les services mutuels sont des conséquences toutes naturelles de cette union corporative. Dès qu'on fait partie de cette seconde famille on a droit à des égards, à des sympathies, à de l'affection. N'est-ce pas déjà un bel idéal que de voir à cette 1re Assemblée générale des Dames, les patronnes et les ouvrières de cette bonne ville donner l'exemple d'une fraternité, digne sans doute, mais aimable et profondément édifiante.

C'est l'honneur et le devoir de toute femme, de toute chrétienne et toute Française de semer sur sa route le dévouement et la charité. Vous l'avez compris, Mesdames les fondatrices de notre Société, et vous aussi Mesdames qui avez bien voulu être inscrites membres d'honneur et membres honoraires. Je vous en félicite, au nom des 365 ouvrières dont je suis en ce moment l'interprète, il y a toujours du bonheur à obliger ainsi ses semblables. Le poète l'a dit avec raison :

> Le bien qu'on fait parfume l'âme
> On s'en souvient toujours un peu.

Vous avez généreusement ouvert votre bourse pour grossir notre faible patrimoine corporatif. C'est bien! la protection par le travail est, à mon avis, une des meilleures choses que l'on puisse faire à notre époque.

Vous avez apporté surtout à notre œuvre vos encouragements, votre bienveillance, un peu de votre cœur... c'est mieux encore!

La charité, en effet, on l'a souvent dénaturée, on l'a rapetissée en la réduisant à des proportions mesquines, en en faisant le synonyme de l'aumône matérielle. La charité, Mesdames, c'est plus que cela, c'est le dévouement, c'est l'affection. Elle ne consiste pas tant à donner de l'argent, qu'à se donner soi-même, à donner de son temps, de son travail, de son bonheur, de son âme. Le jour où cette idée aura passé dans tous les cœurs, la question sociale et ses redoutables problèmes seront bien vite résolus.

En terminant, je fais des vœux pour que le Syndicat de l'aiguille, né sous de si heureux auspices, avec de si hauts patronages, vive et se développe, semant partout dans notre ville, l'union, la concorde, la justice, le bonheur, le dévouement et, par dessus tout, la charité.

Aurillac. — Imprimerie Moderne, 6, rue Guy de Veyre

www.ingramcontent.com/pod-product-compliance
Lightning Source LLC
Chambersburg PA
CBHW060714280326
41933CB00012B/2436